**Género** Ficción realista

I0902694

**Pregunta esencial**

**¿Qué forma la identidad de una persona?**

# Nostalgia por Samoa Americana

Diana Noonan
ilustrado por Stephen Templer

Capítulo 1

# Una invitación

Cuando el cartero trajo la invitación para asistir al casamiento de su prima, toda la aldea estaba emocionada. Sin embargo, Salesi solo podía pensar en las tareas adicionales que esto significaba para él. Su prima Elisa vivía en Los Ángeles. Ese lugar quedaba muy lejos de su casa, en Samoa Americana.

La invitación llegó con dos boletos de avión, lo que quería decir que su mamá y su papá irían y que estarían lejos casi tres semanas. Él y su hermano mayor, Pele, tendrían que cuidar a su abuela y hacerse cargo de las gallinas, los cerdos y de la casa.

Durante la siguiente semana, Salesi estuvo triste en su casa. Ni siquiera tenía ganas de ir a jugar fútbol después de la escuela, ni de ir a pescar con sus amigos. Solo se sentaba en el porche, con la barbilla descansando en su mano.

No era justo que solo hubiera dos boletos de avión, había mucho para ver en Los Ángeles. Cuando sus primos de California los visitaban en la aldea, les contaban todo sobre la ciudad. Se parecía a Pago Pago, la capital de Samoa Americana, pero era más grande y mejor. Sus primos también le habían dicho que tenía parques de atracciones muy divertidos. Eran tan grandes, que uno podía pasar allí todo el día y no tener tiempo de montar en todas las atracciones.

¡Incluso las estrellas de cine vivían en Los Ángeles! Algunas veces sus primos las veían sentadas afuera de los cafés del centro de la ciudad. También había comida deliciosa. Ocasionalmente, sus primos salían a desayunar. Decían que podían elegir entre 27 tipos diferentes de batidos de fruta. Salesi realmente no creía en eso, pero en todo caso se le hacía agua la boca.

De repente, una gallina salió cacareando de debajo del porche y corrió alrededor del jardín, perseguida por el vigoroso perro del vecino.

Después Salesi oyó que su mamá lo llamaba. Probablemente quería que fuera a la tienda o que recogiera algunos plátanos del jardín. O tal vez, su abuela quería que la ayudara a caminar en la playa. A ella le gustaba sentarse en la arena y hablar con sus viejos amigos. Salesi suspiró, ya que tendría que hacer mucho más cuando sus padres estuvieran en California.

—Has estado soñando despierto desde que llegaste de la escuela —dijo la mamá de Salesi con dureza cuando él entró—. Si no haces tus tareas no ganarás tu mesada y no tendrás dinero para gastar en Los Ángeles.

Salesi quedó atónito, luego vio a su hermano Pele recostado contra la pared que estaba junto a su mamá, riéndose entre dientes. Después entró su papá sonriendo y agitando las invitaciones; seguro que no estaban tratando de decirle que... no... ¡eso era imposible!

—Sí, Salesi, tú y yo vamos a ir al matrimonio de Elisa —exclamó Pele.

—Yo debo quedarme acá cuidando a la abuela y alguien de la familia tiene que ir —explicó su mamá.

—Y yo no me iría sin tu mamá porque me haría demasiada falta lo que cocina —dijo su papá riéndose.

Salesi trató de hablar, pero todo lo que salió de su boca fue un chillido de emoción.

—¡Huy! Yo solo he ido a Pago Pago y ahora ¡voy a ir a Los Ángeles!

Salió por la puerta y bajó a la playa a encontrarse con sus amigos; no podía esperar a contarles las noticias, el único problema era que nadie le iba a creer. ¡Apenas lo creía él mismo!

La mamá de Salesi comenzó a alistar con emoción los regalos que Salesi y Pele le llevarían a sus parientes. Su papá también estaba emocionado, pero su abuela parecía triste mientras tejía, sentada y en silencio, el regalo de matrimonio de Elisa.

—La abuela ha visto a muchos de nuestros parientes visitar California y después mudarse allí —le susurró su mamá a Salesi—. Ella piensa que ustedes pueden querer hacer lo mismo cuando sean mayores: dejar Samoa Americana y olvidarse de su modo de vida.

—Nunca olvidaría el modo de vida de Samoa, incluso si me trasladara a una ciudad grande —contestó Salesi.

—Tal vez deberías decirle eso —dijo su mamá—. Aunque no estoy segura de que te vaya a creer.

Capítulo 2

# Los Ángeles es pura diversión

Parecía que el vuelo a California nunca fuera a terminarse. Salesi y Pele hablaron de lo que iban a ver y a hacer cuando llegaran allá. Cuando llegaron al aeropuerto de Los Ángeles tres autos llenos de parientes estaban allí para recibirlos.

Salesi pensó que sus tías lo iban a asfixiar con sus abrazos, mientras todos les seguían haciendo preguntas sobre su casa. ¿Quién se había casado con quién? ¿Tenían hijos? Cuando el auto en el que estaba Salesi llegó al garaje de una casa enorme, era su turno de formular las preguntas.

—¿Dónde estamos? —le preguntó a su primo Rylan—. Pensé que nos íbamos a quedar en tu casa.

—Esta es mi casa —dijo Rylan confundido—. Vamos te mostraré tu habitación.

Salesi cerró su boca lentamente. ¡En esta enorme casa vivía su primo!

Rylan llevó a Salesi y a Pele a una habitación tan grande como el salón de clases de Salesi en Samoa; tenía dos camas dobles, dos sillones enormes e incluso su propio baño.

Salesi bailó graciosamente frente al espejo largo que había junto a la ducha. El espejo se extendía desde el techo hasta las baldosas blancas y brillantes del piso. No era extraño que su abuela temiera que él no quisiera regresar a casa ¡este lugar era formidable!

—Apúrense ustedes dos —gritó la tía Vai—. Vamos a ir a "Salpicar con diversión".

—Es un parque acuático, prepárate para quedar empapado —explicó Rylan.

—Este parque acuático abrió hace un mes. Todo es nuevo —dijo la tía Vai cuando entraron al auto.

Salesi miró a través de la ventana del auto. Iban en una autopista de seis carriles en cada dirección y había palmeras muy altas que ondeaban. Una ambulancia con luces intermitentes los pasó rápidamente y los camiones gigantescos hacían gran estruendo al pasar. En el cielo, un helicóptero zumbaba y daba vueltas.

La tía Vai puso música y Rylan comenzó a cantar. Cuando llegaron al estacionamiento del parque, Salesi pensaba que estaba en otro planeta, uno muy peculiar.

| **Detective del lenguaje** | **Busca una locución preposicional en esta página.** |
|---|---|

Cada día de la semana, un primo diferente llevaba a Salesi y a Pele a algún lugar emocionante. Una mañana, cuando salieron a desayunar Salesi descubrió que era verdad ¡realmente se podía escoger entre 27 sabores de batidos de fruta!

—Oigan, Pele, Salesi —dijo el tío Aleni una tarde—. ¿Les gustaría ver una película en 3D?

—¿Qué tal ir a un juego de baloncesto conmigo esta noche? —les preguntó su tío Telini.

Al final de la semana, la cabeza de Salesi daba vueltas: había estado en una montaña rusa y había visto Los Ángeles desde el edificio más alto de la ciudad. También había ido a un estudio de cine y se había quedado atrapado en un atasco en la autopista. ¡Todo era tan asombroso! Cuando él y sus primos finalmente vieron a una estrella de cine sentada afuera de un café, Salesi ni siquiera se sorprendió.

Hubo una cosa que a Salesi sí le pareció extraña: era un sentimiento raro que empezó a sentir durante su segunda semana lejos de casa. Había comenzado una noche cuando estaba mirando televisión y aparecía en la pantalla un anuncio de unas vacaciones en una isla del Pacífico. De repente, Salesi se sintió triste, o tal vez solamente se estaba sintiendo un poco solo; era difícil saber.

Esa noche se acurrucó más en su cama, pero el colchón era demasiado blando; deseó oír el sonido del océano o a su papá roncando en la habitación del lado. En la mañana Salesi no sintió ganas de desayunar ni siquiera rosquillas.

—Salesi, ¿no estarás añorando tu casa? —le preguntó la tía Vai en broma.

Salesi se encogió de hombros. No sabía lo que estaba sintiendo. Nunca había estado lejos de su casa por más de un par de noches y su mamá y su papá siempre habían estado con él. Le echó una ojeada a Pele para ver cómo estaba él, pero su hermano parecía el mismo de siempre.

—Tienes el casamiento mañana para ilusionarte —dijo la tía Vai amablemente—. Eso te ayudará a distraerte.

**Detective del lenguaje**

**¿Qué función tienen los dos puntos en el texto subrayado?**

## Capítulo 3

# Fa'a Samoa

En la mañana del casamiento de su prima, Salesi se despertó sintiéndose abatido. Abrir los ojos fue una batalla. No quería salir de la cama y Pele dormía al otro lado de la habitación.

Salesi se recostó sobre la espalda y miró el techo amplio. Deseó poder oír el parloteo de los periquitos que vivían en los árboles alrededor de su aldea. Añoró poder saltar de la cama y correr hacia la playa por un coco fresco, le hubiera gustado correr a la casa de su amigo para saber si él quería ir a pescar.

Pero, sobre todo, añoraba no poder escabullirse a la cocina y engullir una cucharada de fideos fríos de la nevera. Siempre hacía eso en la mañana antes de que su mamá se despertara.

Si tan solo su mamá, su papá y su abuela hubieran podido venir a Los Ángeles. Una lágrima grande salió del ojo de Salesi y cayó en la almohada, pero no podía dejar que sus primos supieran cómo se sentía. Pensarían que no estaba agradecido por todos los lugares a los que lo habían llevado. Salesi inhaló profundamente por la nariz. Al hacerlo, captó un aroma conocido.

Salesi se sentó en la cama y abrió las cortinas. Al principio, pensó que había visto la bruma pasando por su ventana, luego se dio cuenta de que era humo.

—¡Tía Vai! ¡Rylan! —llamó dando tumbos, escaleras abajo—. ¡Ayuda! ¡Algo se está incendiando! ¡Hay humo que viene del jardín!

—Claro que hay humo —contestó la tía Vai levantando la vista de la pila de verduras que cortaba en la cocina—. El tío León ha encendido el *umu* para el matrimonio de Elisa hoy. ¿Recuerdas?

—¿*Umu*? —preguntó Salesi—. Pensé que iríamos a un restaurante para el desayuno del casamiento. No sabía que ustedes iban a preparar *umu* como en casa.

En ese instante recordó el delicioso sabor de la comida cocinada en estos hornos en el suelo.

—¡Claro que estamos haciendo un *umu*! —exclamó el tío León cuando entró dando zancadas a la cocina—. ¡Hoy estamos en Samoa Americana!

Cuando un grupo de primos llegó, una hora más tarde, la nostalgia que Salesi sentía por su casa había desaparecido prácticamente del todo. Sus primos llevaban guitarras y vestían ropa tradicional de Samoa, *ta'ovala* y *lei*. Algunos de ellos llevaron platos de *chop suey* y pollo frío; también vio grandes platos de carne enlatada, taro y pescado crudo.

—Esto es exactamente lo que hacemos en Samoa cuando hay un casamiento —les dijo Salesi a sus primos—. ¿Cómo pueden hacer esto en Los Ángeles? ¿Quién te enseñó a hacer *chop suey*, tía Vai? ¿Cómo sabe el tío León cómo hacer un *umu*?

Salesi tenía tantas preguntas que casi olvida darle los regalos de sus padres y de su abuela a su prima Elisa. Lo que nunca olvidaría sería la reacción de Elisa cuando abrió la estera que su abuela le había hecho.

Su prima recibió el obsequio, rasgó el papel y se puso a llorar; de repente, la prima Elisa no era la única que estaba llorando, sino casi todos sus parientes. Todas sus tías y sus primas, incluso algunos hombres adultos estaban llorando; todos comenzaron a hablar en idioma samoano al admirar la estera.

—¡Qué regalo tan increíble! —exclamó Elisa—. Solo mi abuela podría tejer esto. Sus diseños expresan muy bien su individualidad.

Elisa tomó la flor más bonita de su ramillete y se la dio a Salesi.

—¿Podrías darle esto a la abuela, por favor? —le dijo.

Esa tarde Salesi comió y cantó, cantó y comió; vio el humo del *umu* subir al cielo azul. Cuando los vecinos de sus tíos llegaron y se sentaron en las esteras en el jardín, sintió como si estuviera de vuelta en su aldea.

Esa noche Salesi se acostó muy cansado en su cama. Antes de acostarse, le preguntó a la tía Vai si podía enviar un correo electrónico, tenía que contarle algo importante a su abuela. No podía esperar a llegar a casa.

"Querida abuela", escribió. "Nunca pienses que nuestros parientes han olvidado sus raíces en California. El modo de vida samoano está vivo en Los Ángeles".

Salesi le contó de las celebraciones y cómo todos habían admirado la estera que ella le había tejido a Elisa.

"Te diré algo más", escribió Salesi. "Los Ángeles es un lugar divertido para visitar, pero nunca quisiera vivir en una ciudad tan grande. ¡Quiero quedarme en Samoa Americana para siempre!".

# Respuesta a la lectura

## Resumir

Usa los detalles importantes de *Nostalgia por Samoa Americana* para resumir el cuento. Puedes usar el organizador gráfico como ayuda.

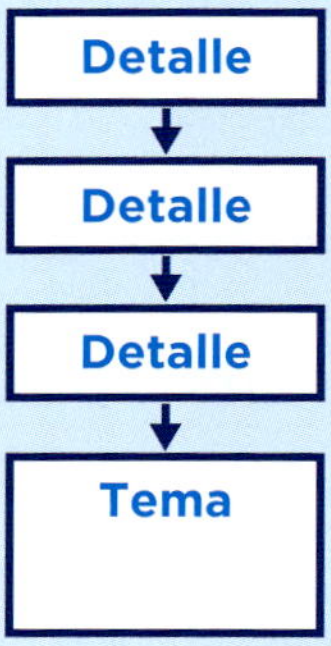


## Evidencia en el texto

1. ¿Qué características de este cuento te indican que es ficción realista? **GÉNERO**

2. ¿Qué aspectos de la vida samoana ayudan a Salesi y a su familia a honrar su cultura? **TEMA**

3. En la página 11, el narrador dice "Abrir los ojos fue una batalla". ¿Qué significa esta metáfora? **METÁFORAS**

4. Escribe sobre los elementos que forman la identidad de Salesi, tales como la gente, los lugares, los sucesos, las comidas o las tradiciones. **ESCRIBIR SOBRE LA LECTURA**

**Género** **Poesía**

## Compara los textos

Lee el siguiente poema que habla de la búsqueda de nuestra identidad.

# Caballo de mar

Marina Romero (poeta española)

La maestra, esta mañana,
ha dicho
que los caballos de mar
se llaman...
hipo...
hipo...
hipocampos...

Esto es.

Pero,

¿por qué?

¿Tienen hipo?

¿Van al campo?

Si son caballos

de mar,

y saltan barreras de agua
y se lavan con espuma
las orejas y la cara,
si juegan con los delfines
al escondite del alba,
y trotan con las estrellas
y se enredan en las algas...

¿Qué van a hacer en el campo

sin sal,

sin conchas,

sin alma?

¡HIPOCAMPOS!

Los mayores

¡dicen tan grandes bobadas!

## Haz conexiones

¿Cómo plantea la poeta la búsqueda de la identidad en el poema "Caballo de mar"?

**PREGUNTA ESENCIAL**

Explica con tus palabras cómo el niño del cuento *Nostalgia por Samoa Americana* y la niña del poema "Caballo de mar" forman su identidad.

**EL TEXTO Y OTROS TEXTOS**

## Enfoque:
# Elementos literarios

**Aliteración** Con frecuencia las personas piensan que la aliteración es el opuesto de la rima. Las palabras que riman tienen el mismo sonido final, pero las palabras aliterativas tienen el mismo sonido inicial. La aliteración no solo se usa en la poesía. Los autores la usan en los cuentos como ayuda para que fluyan las palabras. También es divertido usar aliteración en el diálogo cuando los personajes son graciosos o juguetones.

**Lee y descubre** En la página 8, Salesi reflexiona sobre el tiempo que ha estado en Los Ángeles y en qué se diferencia de estar en casa: "Salesi pensaba que estaba en otro planeta, uno muy peculiar". Aquí la aliteración de *peculiar* y *planeta* conecta las palabras. En la página 15, Salesi está en el casamiento y está feliz. La autora dice que Salesi "comió y cantó, y cantó y comió". La autora hubiera podido escribir solamente comió y cantó una vez, pero la aliteración suena agradable para el lector.

### Tu turno

Sé creativo y escribe el menú de un pícnic, usando aliteración. Puedes llevar, por ejemplo, "pollo con pimienta" o "papas picantes". Cuéntale a tus compañeros el menú que escogiste.